Martin Weis

Traumwelten

1. Auflage: 2018

Autor: Martin Weis
Umschlaggestaltung: Martin Weis
Umschlagfoto: Traumwelten, Martin Weis
www.martinweis.de

Druck in Deutschland und weiteren Ländern

Verlag: tao.de in Kamphausen Media GmbH, Bielefeld,
www.tao.de, eMail: info@tao.de

Bibliografische Information der Deutschen Nationalbibliothek:
Die Deutsche Nationalbibliothek verzeichnet diese Publikation in der Deutschen Nationalbibliografie; detaillierte bibliografische Daten sind im Internet über http://dnb.d-nb.de abrufbar.

ISBN Hardcover: 978-3-96240-172-6
ISBN Paperback: 978-3-96240-171-9
ISBN e-Book: 978-3-96240-173-3

Martin Weis

Traumwelten

Überprüfung

Ein altes Experiment aus dem Chemieunterricht.
Man taucht ein Stück Papier in den Tee
und liest, wie es um einen steht.
Palmen auf dem Balkon. Manchmal auch Bambus.

Wie lange wartest du noch?

Es gibt keinen besseren Zeitpunkt.
Raus aus dem Autopilot. Auf Sicht fahren.
Jeder Augenblick voller Chancen.
Neugierig sein wie ein Kind.

Langsam gehen

Schmetterlinge, Spielzeugautos und Blumen erscheinen aus dem Nichts. Aus Sekunden werden Minuten. Stillstehen und dem Lachen junger Menschen lauschen.

Dich spüren

Atmen, wahrnehmen, aufmerksam sein.
Eine Schnur um daran zu ziehen.
Bewege ich dich oder
bewegst du mich?

Handlungsoptionen

Verschiedene Entscheidungen
führen wie Blütenblätter
an andere Orte.
Manchmal nichts tun.

Veränderungen

Nach links gehen, nach rechts gehen verändert dich.
Stehen bleiben verändert dich.
Was du tust, verändert dich.
Was du nicht tust, verändert dich.

Alles auf Start

Noch einmal neu beginnen,
eine zweite Chance bekommen.
Dieselbe Sache noch einmal machen.
Genauso, vielleicht aber auch ganz anders.

Das Allerheiligste

Jeden Morgen aufstehen, jeden Abend zu Bett gehen.
Mit Menschen unterwegs sein.
Dieselbe Luft atmen, dasselbe essen.
Was ist wichtig?

Entscheidungen

Fragen stellen.
An den Guru,
die Vorgesetzten.
Eine Münze werfen.

Der erste Brief an die Angst

Sich gut kennen.
Und doch immer wieder
sich ignorieren.
Ab heute anders machen.

Feiertage feiern

Stunden, Minuten, Sekunden
stehen still.
Heute wird Zeit verschenkt.
Es ist ein Tag zum Feiern.

Einmal vollmachen, bitte

Unabhängig werden. Leicht sein
und fliegen lernen.
Vorbild sein und andere ermutigen,
fliegen zu üben.

Die Suche beenden

Das Paradies.
Die Frage nach dem Weg
wird leise und leicht beantwortet.
Man führt mich auf Pfauenfedern.

Resonanz

Das Gute im anderen
findet man nur bei sich selbst.
Schwingung wahrnehmen
kann nur, wer selbst schwingt.

Auflösung

Keine Antwort. Leere.
Nicht einmal Nichts.
Die Angst davor und
sich nicht mehr anstrengen.

Verwundung

Was auch immer damals geschehen ist.
Die Sehnsucht nach Veränderung beginnt dort.
Das Geschenk achten,
den Augenblick nutzen.

Bei sich selbst bleiben

Wenn es kalt wird und dunkel,
die lauten Attraktionen meiden.
Sie buhlen um Aufmerksamkeit und Kraft.
In die Stille gehen.

Frieden schließen

Warten. Den Regen
zur Kenntnis nehmen,
ohne zu diskutieren.
Was nützt es, mit dem Wetter zu streiten?

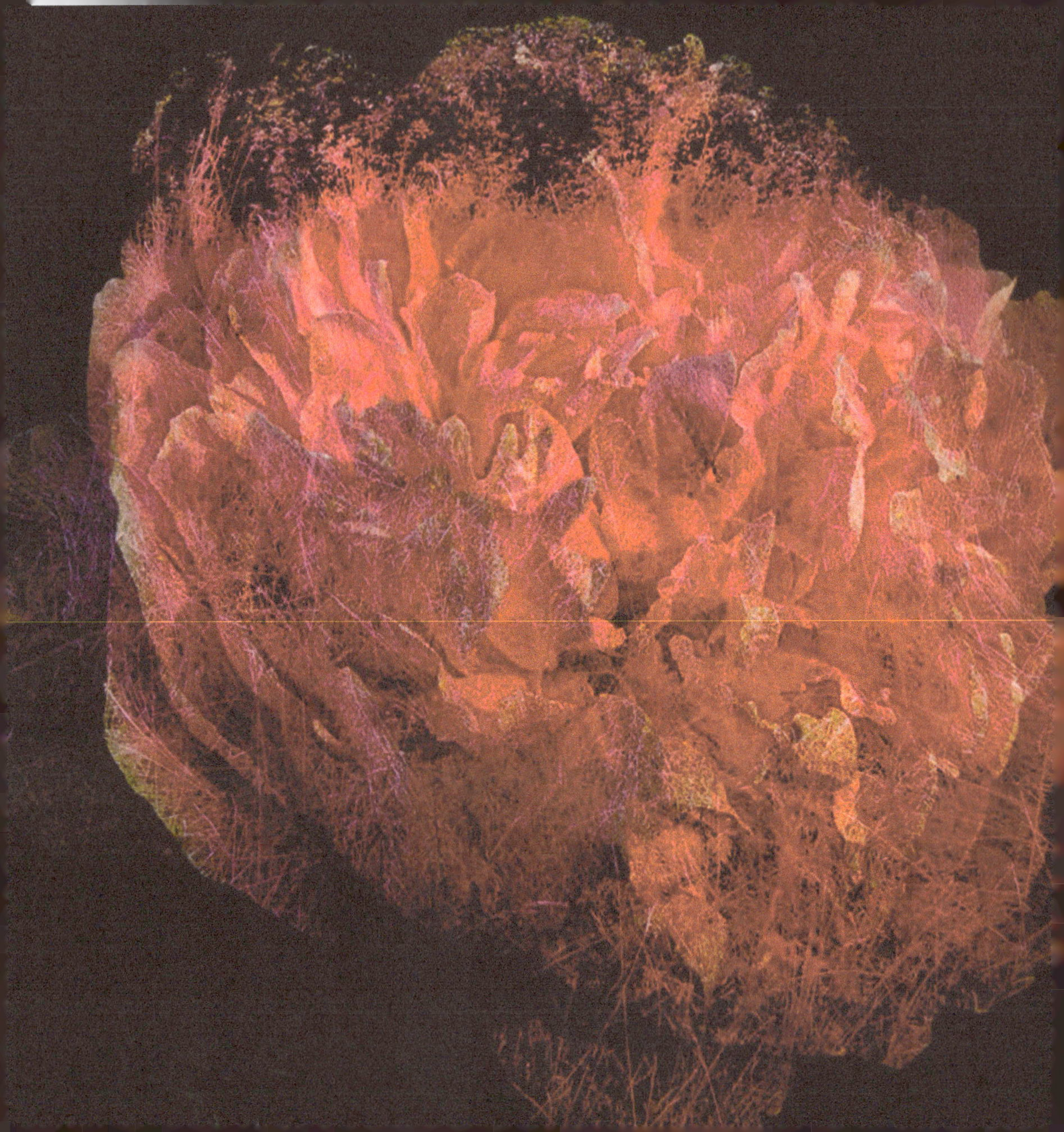

Eine Blume sein

Wurzeln schlagen. Tief verankert sein in der Erde.
Blühen, Duften, Stacheln zeigen.
Liebende, Trauernde und Ahnungslose
vorbeiziehen lassen.

Dunkelheit

Mehr ahnen als sehen.
Die Ungewissheit beenden.
Ein Licht anzünden.
Es hell strahlen lassen.

Fata Morgana

Sich treiben lassen. Ohne konkretes Ziel.
Klippen umschiffen und
Sicherheit suchen.
In den Häfen scheitern.

Fürchte dich nicht

Alte Bekannte klingeln an der Haustür.
Ungebetene Gäste
möchten von dir
beachtet werden.

Lebendig sein

Essen, trinken,
atmen.
Liebe spüren,
eins sein.

Sich selbst begegnen

Die Verletzungen sehen
im Gegenüber.
Milde sein
mit sich selbst.

Gleichmut

Aus dem Weg gehen.
Es geschehen lassen.
Nichts tun.
Im Frieden sein.

Heute alles mit Lametta

Es gibt reichlich.
Gold, Edelsteine und Rubine
liegen am Wegesrand.
Großzügig sein und sein Strahlen verschenken.

Rosarote Brille

Heute ist ein guter Tag
für die rosarote Brille.
Die schönen Seiten des Lebens
verändern sich - und die weniger schönen.

Drei Wünsche frei

Drei Wünsche frei.
Heute und an jedem neuen Morgen,
gleich nach dem Aufstehen
wünschen und den Tag beginnen.

Offen sein

Wenn es klingelt,
ohne nachzudenken
aufmachen und
Geschenke annehmen.

Satt für immer

Geliebt und bewundert werden,
ohne dafür etwas zu tun.
Mühelos und spielerisch
glücklich sein.

Ruhen

Atmen und wahnehmen.
Nicht eingreifen in die Welt.
Sich spüren und
andere sein lassen.

Zeit zum Ernten

Spuren hinterlassen.
Lieben oder nicht lieben.
Samenkörner reifen.
Jetzt ist Erntezeit.

Tankstellen

Die Orte kennen.
Wo es Fülle gibt und Überfluss.
Auch am Abend noch
überquellen.

Sinken

Leise sich nähern
der Ungeduld.
Im Sturm
zart sein.

Vor Mitternacht

Reden hilft.
Schweigen hilft.
In Verbundenheit
Frieden schließen.

Autofokus

An dich denken. Dich spüren
und mit dir reden.
Auch wenn du
noch nicht da bist.

Der Weg

Hellwach sein und präsent.
Die Freude
als Kompass benutzen.
Wohin führt der Weg?

Inhalt

Zeitfracht Medien GmbH
Ferdinand-Jühlke-Straße 7
99095 Erfurt, Deutschland
produktsicherheit@kolibri360.de